LA ALABANZA PARA
EL AMOR AMA EL MIEDO

"Este libro me llevó a examinar mis propios pensamientos acerca de la relación entre el amor y el miedo-algo que nunca había hecho antes."
~ RABBI JOHNATHAN SEIDEL

"Este inspirador libro tiene la capacidad de traer alivio muy necesario a pequeños (y grandes) corazones y mentes. Mientras hablas la suave y veraz brisa de las palabras aquí, serás limpia y refrescada para enfrentar la vida de nuevo."
~ JADA PRANE, PhD, Filosofía

"Más amor, menos miedo."
~ ROWENA JACKSON, Klamath, (inspirada en los Protectores de Agua de Standing Rock)

"El amor ama el miedo. ¿Pensamos que el amor despreciará el miedo? Evita estar con el? ¿Abandonarla? En este poema inesperado, tenemos un giro de la penetración en el amor verdadero. Mi mente llena de posibilidades de lo que el amor podría amar!"
~ KINLEN WHEELER, Caminos Sagrados

EL AMOR AMA EL MIEDO

"Sé que estás cansado, pero ven, así es como ...

en tu luz yo aprendo a amar.

En tu belleza, cómo hacer poemas.

Bailas dentro de mi pecho donde nadie te ve,

pero a veces lo hago, y esa vista se convierte en este arte."

JALALUDDIN RUMI

EL AMOR AMA EL MIEDO

Barb Ryan
Ilustraciones de Alysse Hennessey

El amor ama el miedo
©2017 Barb Ryan
www.barbryanauthor.com

Todos los derechos reservados en todo el mundo. Ninguna parte de esta publicación puede ser reproducida, distribuida o transmitida electrónica o mecánica, incluida la fotocopia, la grabación o cualquier sin el permiso escrito del autor, salvo en el caso de citas breves, revisiones críticas y ciertos otros usos no comerciales permitidos por la ley de copyright.

Ilustraciones de Alysse Hennessey
©2017 Alysse Hennessey

Impreso en los EE.UU.
ISBN: 978-1-943190-12-6

Información sobre pedidos:
Si está interesado en las ventas de cantidad para su organización, comuníquese con Barb Ryan en barbr@efn.org.

Wild Ginger Press
www.wildgingerpress.com

Dedico este libro a la Divina Luz Amorosa que nos rodea a todos y está dentro de cada uno de nosotros.
Que podamos sentir y conocer la presencia del Amor.

EL AMOR

EL AMOR AMA TODO.

EL AMOR LO RODEA TODO.

EL AMOR ESTÁ DENTRO DE TODO.

EL AMOR LO ES TODO.
EL AMOR AMA TODO
INCLUYENDO EL MIEDO.

EL MIEDO

EL MIEDO TEME TODO ESPECIALMENTE EL AMOR.

CUANDO EL AMOR SE ACERCA AL MIEDO, SE VUELVE REALMENTE GRANDE Y ENOJADO...

TRATANDO DE ASUSTAR AL AMOR.

EL AMOR ES PACIENTE.

EL AMOR ES AMABLE.

EL AMOR AMA.

EL AMOR AMA EL MIEDO.
EL AMOR IRRADIA AMOR AL MIEDO.

EL MIEDO TIENE TANTO MIEDO QUE SE ESCAPA.

CORRE Y CORRE ...
TAN RÁPIDO COMO PUEDE
A TODOS LOS RINCONES
DE LA TIERRA.

NO IMPORTA
A DONDE CORRE,
EL AMOR ESTÁ AHÍ.

EL AMOR ES PACIENTE.

EL AMOR ES AMABLE.

EL AMOR AMA AL MIEDO.

EL AMOR IRRADIA AMOR AL MIEDO.

ESTO ESPANTA TANTO AL TEMOR QUE SE ENCOGE EN UN PEQUEÑO PUNTO.

EL AMOR

EL AMOR ES PACIENTE.

EL AMOR ES AMABLE.

EL AMOR AMA EL MIEDO.

EL AMOR IRRADIA AMOR AL MIEDO.

EL MIEDO RODEADO DE AMOR SE RINDE A SU CÁLIDO ABRAZO.

EL MIEDO SE TRANSFORMA Y SE CONVIERTE EN PARTE DEL AMOR.

EL AMOR

EL AMOR AMA TODO.
EL AMOR LO ES TODO.

RECONOCIMIENTOS

Me encantaría expresar mi amor y profunda gratitud a mis amigos de corazón; Angel Lopez, Randy Hall, Keegan Clements-Housser, Miché Meizner, Victoria Walker, Susanna Sbragia y mi hija Shalan Ryan, por mantener la visión del libro y por su amor, apoyo y estímulo.

Mucho amor y gratitud al ilustrador, mi amigo, Alysse Hennessey. Fue nuestra primera colaboración y nos encendimos con nuestras musas. Mientras hablaba, ella lo imaginaba.

Las ilustraciones daban vida a las palabras. Agradezco sinceramente a mi querida amiga, la Dra. Jada Prane, que creyó en el poder curativo de esta obra tanto que donó el dinero para una caja de libros para ser donada al Doernbecher Children's Hospital en Portland, Oregon.

Munay a mis amigos y maestros, Wake y Kinlen Wheeler, que me proporcionaron un espacio para realizar *Love Loves Fear* como palabra hablada.

Muchas gracias a mis amigos, Verónica Arrigada-Davis y Lee Davis, quienes son mis mayores partidarios financieros. También me proporcionaron un precioso refugio espacio para mí en la costa de Oregón.

Un agradecimiento especial a mi amiga de corazón Deb Fant que demostró su creencia en mí al ser el primero en donar dinero para contratar a un editor. Ella también ofreció apoyo continuo con llamadas telefónicas tarde por la noche, edición de sugerencias, entrenamiento, corrección de pruebas y simplemente "estar allí" para mí.

Bobbi Benson de Wild Ginger Press estuvo sentado conmigo durante horas una tarde escuchando mientras recitaba *Love Loves Fear*. Nos reímos y lloramos mientras que el corazón palpitaba sobre cómo el libro podría manifestarse. Teníamos la misma visión. Estoy eternamente agradecida de que ella tomó una oportunidad conmigo como autora por primera vez porque creía en el mensaje del libro. Superó mis sueños y esperanzas como diseñadora y editora de libros.

Usamos GoFundMe para recaudar los fondos para el editor, ilustrador y traductor. Gracias a todos los que donaron dinero y / o compartieron el enlace. Y creyeron en mí y en el mensaje, ustedes lo hicieron posible.

SOBRE EL AUTOR

Barb Ryan, una consejera de 25 años, trabajó principalmente con sobrevivientes de abuso sexual, violencia doméstica y aquellos con trastorno de estrés postraumático. Ella guió a sus clientes a sanar desde adentro hacia afuera — para dejar suavemente el auto-juicio y transformar sus pensamientos en posibilidades más positivas y esperanzadoras. Su enfoque era ayudar a las personas a amarse a sí mismas, redirigir sus pensamientos y liberar todas las creencias negativas.

Un momento clave llegó a Barb, cuando recordó la experiencia: "Un día mi voz interior me dirigió sobre cómo ayudar a la gente a dejar ir las viejas historias y estar dispuesto a espiral hacia la alegría. La terapia no tuvo que tomar mucho tiempo. Se trataba de un deseo de aprender a dejar ir lo que ya no les servía, y tomar la riqueza de la vida que merecían." Eso comenzó su trabajo de felicidad. Y ahora se le conoce como la guía de la felicidad y su enfoque es ser un entrenador de vida.

En 2014, Spiraling Toward Joy se convirtió en una organización sin fines de lucro cuyo propósito es difundir la felicidad a través de la enseñanza de herramientas de felicidad práctica a individuos y grupos con el propósito de empoderamiento personal y el cambio global.

La filosofía de vida de Barb es que los asuntos personales se revelan para ser sanados — no curados, sino curados. La curación es amar, integrar y transformar el dolor de alguna manera. Esa es la base de la historia *Love Loves Fear*.

Barb vive en la paz y la belleza del noroeste del Pacífico. Ella ha criado tres hijas y pronto espera a su sexto nieto.

Para obtener más información sobre Spiraling Toward Joy, vaya a www.spiralingtowardjoy.org.

www.ingramcontent.com/pod-product-compliance
Lightning Source LLC
Chambersburg PA
CBHW061359090426
42743CB00002B/75